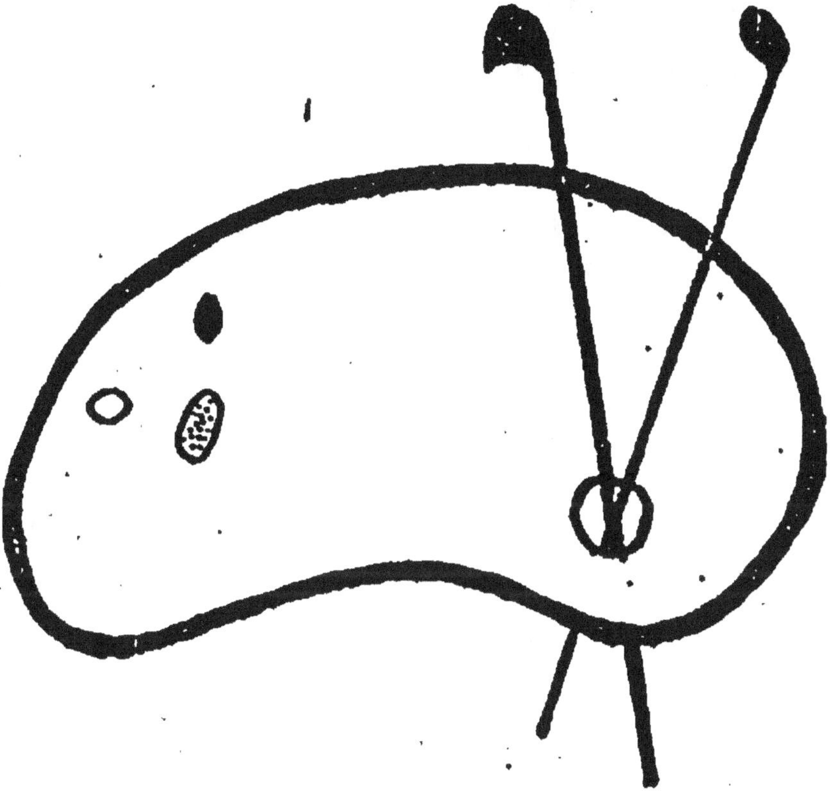

DEBUT D'UNE SERIE DE DOCUMENTS
EN COULEUR

POURQUOI
JE SUIS
ANTICOLONIAL

PAR

Emile MACQUART

Deuxième Edition

RÉDACTION ET ADMINISTRATION
1, Rue Manuel. — PARIS

1898

Imp. MERCIER
156, Route de Versailles
BILLANCOURT
Seine

Bibliothèque de "l'Avril"

Plaidoyer pour les «Annexés»   Georges DELAHACHE
    Une brochure in-8   franco   **0 fr. 15**

Pourquoi je suis anticolonial   Emile MACQUART
    Une brochure in-8   franco   **0 fr. 15**

Pour paraître prochainement :

Le Râle (poème)   George PUCK
    Une brochure in-8   franco   **0 fr. 25**

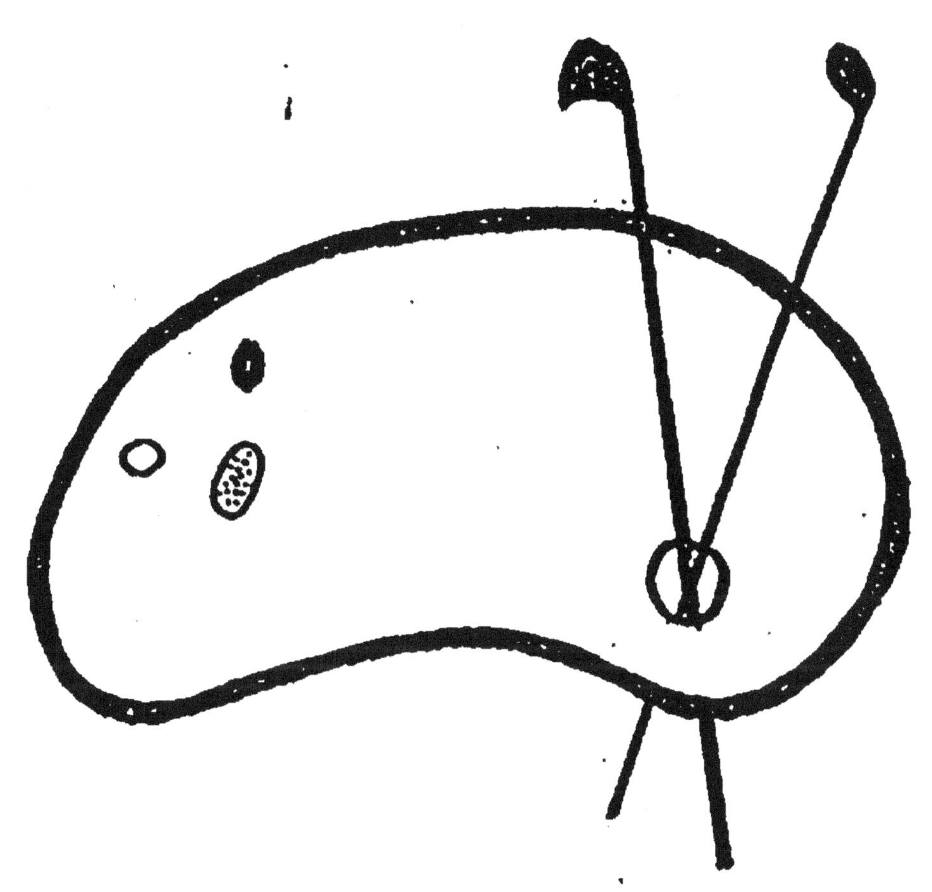

**FIN D'UNE SERIE DE DOCUMENTS
EN COULEUR**

EMILE MACQUART

POURQUOI JE SUIS ANTICOLONIAL

Pourquol je suls anticolonial

A M. Charles Noufflard.

L'examen des situations respectives de la France et de l'Angleterre a le don d'agacer au suprême degré une certaine catégorie de nos compatriotes, qui s'écrient avec indignation : « Et l'expansion de la race française! »

En effet, le drapeau de la Grande-Bretagne flotte sur plus de 22 millions de kilomètres carrés ; le nôtre sur 4 millions tout juste.

Le total des possessions directes et indirectes de la France peut se décomposer ainsi :

Asie	499.968	kilomètres carrés
Afrique	3.541.377	»
Amérique	108.001	»
Océanie	21.680	»
Soit :	4.171.036	kilomètres carrés

Et cet état d'infériorité manifeste provoque d'unanimes clameurs dans le certain clan précipité, qui réclame à grands cris « l'expansion de la race française. »

Il s'agirait pourtant de s'entendre sur cette fameuse expansion.

(1) **Yves Guyot**, *Lettres sur la politique coloniale* et *La Science Economique.* — Elisée Reclus, *La Géographie Universelle.* — Paul Leroy-Beaulieu, *De la colonisation chez les peuples modernes.* — *La France et ses colonies.* — *Annuaire du Bureau des Longitudes.* — *Statistiques diverses.* etc.

La première chose qui frappe, lorsque, sur une carte du monde, on examine ce qui nous reste de notre empire colonial, c'est que toutes nos possessions, sauf l'Algérie, la Nouvelle-Calédonie et une partie de Madagascar, sont situées entre les deux lignes isothermes + 25 centigrades, c'est-à-dire dans le climat torride.

Or la question se pose ainsi : Quels sont les caractères du climat torride; comment les Européens se comportent-ils dans les pays soumis à ce climat; et, en particulier, quels résultats y avons-nous jusqu'à présent obtenus, et quels résultats sommes-nous en droit d'y espérer?

Le climat torride compte deux saisons bien tranchées : la saison des pluies et la saison sèche. Durant la première, les vapeurs accumulées par les alizés crèvent, et, pendant de longues semaines, l'eau tombe, sans presque discontinuer, donnant au pluviomètre jusqu'à 0 m. 27 en une heure, et, comme moyenne annuelle, de 2 à 4 mètres suivant les régions (moyenne à Paris, 521 millimètres).

Puis, sous l'influence d'un soleil ardent, l'air se sature de vapeur d'eau. Et c'est alors la fièvre sous ses formes les plus pernicieuses, la dysenterie, les coliques sèches, l'hématurie, l'anémie, l'amnésie, les maladies d'yeux et les maladies de peau, sans compter les bêtes féroces et les reptiles venimeux qui abondent.

— Passons à nos colonies.

Nous possédons les *Indes françaises* d'une façon permanente depuis 83 ans. Quels y sont les résultats? — Sur 282.700 habitants, on compte 1.660 Européens. Déduisez les fonctionnaires et la troupe; que reste-t-il?

En *Indo-Chine*, sur une population totale de plus de 14 millions d'habitants, il y a 4.000 Européens, sur lesquels 2.000 Français. La mortalité pour les Européens y est plus que le double de la natalité, viz. 100 : 45.

A la *Réunion*, la population qui, en 1872, était de 193.000 habitants, tombait en 1882 à 170.518; elle est aujourd'hui de 163.800. Les naissances y sont aux décès comme 4 est à 6.

Pour *Nossi-Bé, Diego-Suarez, Sainte-Marie de Madagascar*, on compte un total de 21.000 habitants. —

Combien d'Européens? Combien de Français? — La mortalité pour l'Européen y varie entre 7,3 et 8 0/0.

Au *Sénégal, Rivières du Sud* et *Soudan français* la population est estimée approximativement à 2 millions d'habitants. Les statistiques ne mentionnent pas le nombre des Français, mais indiquent, par contre, le rapport des naissances et des décès pour les Européens, qui est de 301 décès pour 100 naissances. La température moyenne dépasse 28°. Selon M. Bérenger-Féraud, l'acclimatement y est une chimère. Il est impossible d'y séjourner plus de trois ans consécutivement; seuls quelques Portugais y résident d'une façon permanente.

Nous occupons le Sénégal, sans interruption, depuis 81 ans. Quels résultats y avons nous obtenus au point de vue de l'expansion de la race française?

Pour la *Côte d'Or*, le *Golfe de Bénin*, etc., c'est encore pis! La mortalité atteint 18,5 0/0.

A la *Martinique*, la population a passé en 15 ans (de 1882 à 1897) de 166.988 habitants à 175.863. — Par suite d'un excédent des naissances sur les décès? Oui, pour les nègres. — Quant à nous, nous ne nous y maintenons que par l'immigration.

De même à la *Guadeloupe*. La population qui en 1873 était de 136.000, passait en 1882 à 159.715 et est aujourd'hui de 182.000. Mais l'excédent moyen des décès sur les naissances est pour les dernières années de 758, et les statistiques comprennent les nègres et les mulâtres qui forment les neuf-dixièmes de la population et supportent le climat bien mieux que nous!

Or nous possédons la *Martinique* et la *Guadeloupe* depuis plus de deux siècles!

A la *Guyane*, la température moyenne est de 26°5; l'hygromètre est presque toujours à saturation.

La mortalité varie pour les adultes entre 16.62 et 44,1 0/0, et atteint, pour les enfants 62,79 0/0.

Conclusion : Soumis au climat torride, l'Européen s'étiole et ne reproduit pas.

— Et l'Anglais aux Indes?

L'Anglais ne s'acclimate pas plus que nous. Il y a aux Indes, sur 1.700 habitants, 1 Européen.

Restent donc *l'Algérie*, la *Nouvelle Calédonie* et *Madagascar*.

De *Madagascar*, faute de renseignements surs et précis, je ne dirai que quelques mots. On évalue la population à 3.600.000 habitants pour une superficie de 590.000 kilomètres carrés. Seule la partie sud n'est pas située sous le climat torride.

Les fièvres à Madagascar seraient-elles moins pernicieuses ? L'acclimatement moins impossible ?

Je crains bien que non, et m'en rapporte pour le surplus aux résultats de notre dernière expédition.

En *Nouvelle-Calédonie*, le climat est salubre. J'admets volontiers que l'Européen y puisse vivre et procréer. Soit. Mais la Nouvelle-Calédonie, y compris ses dépendances, a une superficie de 17.300 kilomètres carrés, c'est-à-dire à peine deux fois la Corse (8.747). Or a Corse a 288.596 habitants et la Nouvelle Calédonie déjà 64.000. On aura donc beau la saturer de colons, ce n'est pas encore là qu'on trouvera un bien grand débouché pour « l'expansion de la race française ».

Reste donc l'*Algérie*, ce « prolongement de la France ! » qui compte 4.124.782 habitants pour une superficie de 477.913 kilomètres carrés.

DÉPARTEMENT D'ALGER

Territoire civil	30.630 kilo. carrés	1.275.650 hab.
Ter. de commandement	140.171 »	192.477 »
	170.801 »	1.468.127 »

DÉPARTEMENT DE CONSTANTINE

Territoire civil	58,754 kilo. carrés	1.543.867 hab.
Ter. de commandement	132.773 »	170.672 »
	191.527 »	1.714.539 »

DÉPARTEMENT D'ORAN

Territoire civil	35.557 kilo. carrés	817.450 hab
Ter. de commandement	80.028 »	124.616 »
	115.585 »	942.066 »

TOTAUX

Territoire civil	124.941 kilo. carrés	3.636.967 hab.
Ter. de commandement	352.972 »	487.765 »
	477.913 kilo. carrés	4.124.732 hab.

Soit 9 habitants par kilomètre carré, (non compris le Sahara Algérien, ce qui réduirait la densité à 6, soit le quart de Mayotte, le tiers de Nossi-Bé, Diégo-Suarez etSainte-Marie de Madagascar!)

Et nous occupons l'Algérie depuis 68 ans!

**

En 1822, le gouvernement, toujours prévoyant, prenait des mesures afin d'éviter un envahissement spontané et dangereux de notre nouvelle conquête. — Il est vrai que depuis, il fait tout le contraire.

Des villages agricoles furent fondés : ils finirent lamentablement.

En 1857, on accorda 80.000 passages gratuits : il y eut 70.000 retours.

En 1871, l'Assemblée Nationale attribua 100.000 hectares aux Alsaciens Lorrains — Sur près de 160.000 optants, 3.261 s'embarquèrent, formant 900 familles, qui nous coûtèrent 6 millions de francs, soit 6.888 francs par famille!

Les partisans de « l'expansion » crient sur tous les tons ; il y a en Algérie plus de 250.000 français.

D'accord. Mais, ces 250.000 français, représentent combien de colons?

La troupe en Algérie compte 50.000 hommes. Il y a d'autre part 60.000 (exactement 58.835) fonctionnaires, pensionnés et retraités, employés de chemin de fer, agents de tous ordres, médecins de colonisation, etc., tous parasites — soit directement, soit indirectement — du budget de l'Etat.

Les 50.000 hommes de troupe ont amené en Algérie 29.509 hôteliers, cabaretiers ou aubergistes. Que l'armée vienne à partir, ce chiffre tomberait certainement à moins de moitié.

Sur le reste, un peu plus de 29.000, sont des concessionnaires ayant coûté à l'Etat environ 2.000 fr. par tête.

En somme, il y a en Algérie 100.000 français, à peine, qui soient véritablement des colons, des colons venus de leur propre initiative, à leurs frais, et vivant de leurs propres ressources; ces 100.000 colons représentent 25.000 *vrais producteurs.*

Si la natalité en Algérie est plus forte qu'en France (33, 3 au lieu de 26) cette différence est compensée par la mortalité (Algérie 29 ; France 22). — La conquête et l'occupation nous ont valu 100.000 morts.

Enfin, pour employer la navrante mais juste image de M. Yves Guyot : « Si on voulait représenter dans une allégorie, le prix de revient *en hommes* des 25.000 colons installés en Algérie et y vivant avec leurs propres ressources, chacun d'eux serait assis sur quatre cadavres et gardé par deux soldats ».

L'Algérie nous a coûté plus de dix milliards.

Résultat : la population européenne étrangère y égale la population française !

Au point de vue de « l'expansion de la race française, « les résultats sont donc nuls, absolument. Par suite de la politique coloniale suivie jusqu'à présent, nous avons englouti au delà des mers, en pure perte, un chiffre fort respectable de milliards et un nombre considérable de vies humaines.

Je le répète : sauf l'Algérie, la Nouvelle-Calédonie et une certaine partie de Madagascar, toutes nos colonies sont situées sous le climat torride. Elles ne pourront devenir jamais des colonies de peuplement.

On oublie trop souvent que l'homme n'est susceptible que du petit acclimatement, et qu'il y a deux sortes d'émigrations: l'émigration du Nord au Sud et l'émigration *parallèle*. C'est cette dernière qu'ont suivie les Anglais, dont l'accroissement s'est fait, aux Etats-Unis, au Canada, en Australie, dans les mêmes conditions climatériques — où à bien peu de chose près — que dans la métropole. Là est la raison de leur succès et la raison de notre échec ; l'expansion française ne pouvait se réaliser que par la colonisation en longitude ; nous avons choisi, naturellement, la colonisation en latitude. Il est maintenant trop tard pour changer.

En outre, pourquoi vouloir, à toutes forces « l'expansion de la race française » ? — Y aurait-il pléthore d'habitants en France ? Mais on crie tous les jours « à a dépopulation » !

Que l'Angleterre produise des émigrants, soit : elle compte 124 habitants par kilomètre carré. Que les indigènes du Palatinat émigrent, soit : ils sont 137 par kilomètre carré; mais nous qui sommes 73, peuplons d'abord la France !

Il est un autre facteur qui devrait également entrer en ligne de compte : c'est ce que l'émigration coûte en valeur d'hommes au pays. M. Prosper Guyot estime la valeur de l'homme adulte à 8.000 fr. — *the Economist* à 4.375 fr., le Dr Engel à 2.716 fr. Prenons une moyenne de 3.000 fr. : La valeur humaine exportée par l'Europe depuis cinquante ans se chiffre par plus de 120 milliards.

Conclusion : nécessité de posséder des colonies afin que cette valeur reste dans la nation — n'est-ce pas ? -- Mais, quelles colonies ? Celles où l'émigrant meurt sans se reproduire ?

— Un des gros arguments des partisans de la Politique coloniale est qu'il faut réagir contre la décadence qui nous menace, réveiller les énergies, secouer la torpeur que nous occasionne l'excès de bien-être dont nous jouissons ici.

Excès de bien-être ! — Tournez-vous n'importe où, vers n'importe qui, vous n'entendez que plaintes et lamentations sur la cherté de la vie et les difficultés de l'existence. — Puis, si vraiment la vie est plus facile là-bas..., mais, nous allons nous y amollir encore davantage !

Messieurs les colonisateurs en chambre, partez donc les premiers !

*
* *

Mais, me dit-on : « Et les débouchés! Ne savez-vous donc pas qu'il faut à une nation des colonies pour servir de débouchés à ses produits ! »

Ma foi, parlons-en un peu. Des débouchés ? Lesquels ?

Le commerce total de la France se chiffre par 7.199,5 millions de francs, dont 3.798,6 pour les importations, et 3.400,9 pour les exportations.

Ces 3.400,9 millions d'exportations se répartissent comme suit pour les principaux pays :

Angleterre	1,030,6	millions de francs
Belgique	501,4	» »
Allemagne	339,7	» »
Etats-Unis	224,7	» »
Suisse	179,9	» »
Italie	115,2	» »
Espagne	100,3	» »
Brésil	68,6	» »
République Argentine	56,3	» »

et, pour nos colonies :

Algérie	217.801.956	francs
Tunisie	22.641.916	»
Guadeloupe	11.670.413	»
Guyane française	9.285.259	»
La Réunion	10.496.995	»
Indo-Chine	23.344.936	»
Madagascar	4.933.849	»
Mayotte	183.897	»
Nossi-Bé	183.713	»
Sᵗᵉ Marie de Madagascar	94.412	»
Indes Françaises	661.114	»
Martinique	12.389.306	»
St-Pierre et Miquelon	5.041.948	»
Sénégal	14.316.577	»
Congo, Soudan, Guinée française Côte d'Ivoire & Golfe de Bénin	6.682.246	»
Côte Occidentale d'Afrique	279.659	»
Autres pays d'Afrique	2.220.366	»
Nouvelle Calédonie	5.285.654	»
Autres établissements d'Océanie	536.916	»
Total	348.051.132	francs,

soit le *neuvième* du chiffre total de nos exportations.

Nous vendons à l'Angleterre, pour trois fois plus, et à la petite Belgique pour près de deux fois plus qu'à toutes nos colonies réunies.

Et puis, quels bénéfices nets retirons-nous réellement de notre commerce avec nos colonies ? Que nous ont-elles coûté ? Que nous coûtent-elles encore?

Laissons de côté les guerres désastreuses qu'elles nous ont valu.

L'Algérie, soi-disant, se suffit à elle-même...

Et la troupe qui nous coûte 50 millions par an ! Et tous les fonctionnaires, agents, parasites directs ou indirects du budget de la métropole! et les subventions de toutes sortes! et les garanties d'intérêts!

Nous exportons en Algérie pour environ 218 millions — mais l'Algérie exporte chez nous pour près de 200 millions.

Pour le Sénégal, c'est encore pis. Si nous y exportons pour 14.316.577 francs, nous en importons pour 14.083.886 fr. — Et nos exportations vont presque exclusivement aux fonctionnaires et à la troupe, payés par nous.

En plus le Sénégal est inscrit au budget pour près de 4 millions — Nous lui avons fait pour près de 8 millions d'avances diverses. Résultat ?

Le Tonkin nous a coûté plus de 100 millions — Nous y avons vendu en six mois pour 1.300.000 fr. de marchandises. — L'acheteur ? Nos soldats, comme an Sénégal.

La Cochinchine, elle, est extraordinaire : elle nous verse annuellement près de 2 millions.

Mais elle figure au budget pour une somme de 5 millions!

L'Algérie mise à part, le budget ordinaire de nos colonies se monte, garnisons comprises, à plus de 60 millions. Le chiffre de nos exportations est dépassé par celui de nos importations.

— Mais alors, me souffle quelqu'un, c'est comme pour la Chine, que nous nous sommes donnés tant de mal à ouvrir et qui nous achète pour 5 millions à peine, tandis qu'elle nous vend pour 80 millions. *C'est nous qui, sommes le débouché!*

— Non ; nos colonies sont bien un débouché — mais pas pour notre industrie et notre commerce, pour l'argent des contribuables. (1)

(1) Yves Guyot. — Lettres sur la Politique Coloniale, p. 99

Et c'est fatal — Avant de dire : nous allons exporter quelque chose, il faut tout au moins avoir quelque chose à exporter ; il faudrait aussi se demander un peu quel est le pouvoir d'achat des indigènes *sur* lesquels nous voulons nous livrer au trafic.

C'est la seule chose à laquelle nous n'ayons pas pensé.

A qui vendre ? quoi ? — Des armes, de la poudre? Ce serait possible — Malheureusement c'est défendu. Je ne suppose pas que nous ayons l'intention de fournir des draps d'Elbeuf, des soieries de Lyon, des porcelaines d'Art etc. à des gens qui vont tout nus.

Il est un axiome incontesté : La fortune d'un commerçant, c'est la richesse de sa clientèle. Or, quand bien même les sujets d'un Glé-Glé quelconque voudraient nous acheter quelque chose, avec quoi nous paieraient-ils ?. En monnaie de singe ?...

Pour avoir la clientèle de quelqu'un, il est indispensable de lui vendre de meilleures marchandises, mais surtout, meilleur marché que d'autres. Or nous ne pouvons y parvenir.

Quel débouché auprès des Indigènes avons-nous retiré de la Conquête de l'Algérie?

Là, comme partout, nous avons fait le jeu de nos concurrents étrangers. Et l'étranger n'a pas eu de frais de conquête, de frais de colonisation, de frais de garde de l'Algérie ; son bénéfice est clair; le nôtre pas.

— Nous avons cependant ouvert des débouchés!

— Parfaitement. Demandez à l'Angleterre, à l'Allemagne. Demandez à la Suisse !

Ma conclusion sera la même que celle de M. Leroy-Beaulieu, un protagoniste, pourtant, de la Politique coloniale : c'est une grande illusion que de fonder des colonies dans l'espérance d'en tirer un revenu (1)

— Mais l'Angleterre.....

(1) De la colonisation chez les peuples modernes, p. 569.

Il en est pour l'Angleterre comme pour nous.

Exception faite, à priori, et pour les raisons que j'ai signalées plus haut, du Canada et de l'Australie, qui ne sont pas, à proprement parler, des *colonies*, voyons un peu ce qui se passe aux Indes, dans ces fameuses Indes que l'on cite à tout bout de champ comme un exemple frappant du triomphe des idées coloniales.

Là, un empire de 30 millions d'habitants gouverne un peuple de plus de 200 millions d'individus. — Un peuple ? — Non : *des peuples* — ce qui n'est pas du tout la même chose, — toute une agglomération de peuplades aux coutumes, aux mœurs, aux langages, même dissemblables, en guerres perpétuelles les unes contre les autres, et sur lesquelles l'Angleterre n'a pu asseoir sa domination qu'en activant, qu'en fomentant les rivalités et les discordes, suivant le grand principe : diviser pour régner.

Pour régner ? — Est-il besoin de rappeler les révoltes sanglantes dont la plus féroce date de 1857, et la plus récente, d'hier, et dont le sol des Indes est rouge encore?

Et puis, à quoi les Indes ont-elles, en réalité, servi à l'Angleterre ?

Sont-elles devenues une colonie d'émigration ? — Pas du tout : une colonie *d'administration*, un débouché pour les seuls fonctionnaires, tout simplement ; et c'est peut-être là, après tout, une des grandes raisons d'être des colonies.

Que l'Angleterre fasse avec les Indes un commerce très actif, nul doute ; mais, qu'en retire-t-elle, net ?

Si vous voulez bien lui appliquer, strictement, les mesures éliminatoires dont je me suis servi pour les colonies françaises, et qui, seules, font ressortir le résultat réel, vous verrez que l'Inde, elle aussi, est une affaire qui ne fait pas ses frais.

Et c'est là un fait que les Anglais reconnaissent tellement bien, que ce qu'ils préparent en ce moment, dans l'Hindoustan, c'est leur départ.

— Déjà, aux Indes, — y arriverons-nous jamais! — tous les Européens, Anglais compris, sont jugés dans les mêmes formes et par les mêmes juges que les indigènes. Les indigènes ont les mêmes droits et les mêmes prérogatives que les Européens; les pouvoirs publics leur sont accessibles ; les pouvoirs locaux aussi ; ils ont accès aux pouvoirs judiciaires — c'est l'acheminement ferme et voulu vers l'autonomie, vers le *Home Rule*, comme pour l'Australie et le Canada ; et, c'est à ce moment là seulement, — comme pour l'Australie et le Canada, — que les Indes deviendront pour l'Angleterre une source réelle de revenus.

*
* *

Deux arguments encore militent en faveur de l'expansion coloniale : la *mission civilisatrice* et la *prépondérance à l'extérieur.*

La mission civilisatrice ?...

Je ne serai pas paradoxal au point de mettre en question d'une façon formelle les « bienfaits » de la civilisation, quoique..... Mais je me permettrai de trouver légèrement grotesque cette façon de civiliser, qui consiste à casser les têtes au lieu de les modifier.

Voilà des gens qui vivent chez eux, bien tranquilles. Qu'ils aient des mœurs barbares, sanguinaires, qu'il soit désirable que les boucheries humaines, les scènes de monstrueuse sauvagerie qui se passent là-bas, n'aient plus lieu, d'accord. Mais, que faisons-nous, *nous* ? — Un beau jour, nous pénétrons dans ces territoires, qui ne sont pas nôtres, et, au nom de l'Humanité, nous massacrons les indigènes, et les chassons de chez eux ! C'est ça qui doit leur donner une fière idée de la civilisation ! Au nom de l'Humanité, on les massacre ; au nom de l'Humanité, on les spolie, on les dépouille !

Bah ! la loi du plus fort est toujours la meilleure, et, sous prétexte de mission civilisatrice, c'est l'égoïste politique de l'*«ôte-toi de là que je m'y mette.»*

Quant à la *prépondérance à l'extérieur*, elle est trop souvent basée sur un oubli absolu de la sécurité à l'intérieur.

N'avons-nous pas failli avoir la guerre avec l'Angleterre, en 1847, à propos d'un flot perdu en pleine Océanie ? — et, en 1862, avec l'Angleterre encore, au sujet des Nouvelles-Hébrides ? — Un conflit n'a-t-il pas été imminent en 1885 entre l'Allemagne et nous, parce qu'à bord de *l'Ariadne* des matelots allemands avaient fait une incursion sur des territoires de la côte d'Afrique, sans population et sans culture, que nous considérions comme nôtres ?

Une question de bornes au milieu d'un désert, et des peuples d'Europe peuvent en venir aux mains !

Je ne sache pas que ça en vaille la peine.

*
* *

Je conclus.

Tandis qu'en Angleterre la colonisation s'est développée par l'initiative privée, avec l'appui temporaire et exceptionnel du Gouvernement, chez nous, la colonisation a été l'œuvre de l'Etat, avec ou sans le concours de nos nationaux. Et, le jour où les troupes que nous entretenons à si grands frais dans nos colonies, recevraient l'ordre de les quitter, nos colons partiraient aussi.

Les seuls vrais colons que nous ayons, ce sont les quelques 100.000 Français qui résident dans la République Argentine. Leur établissement ne nous a rien coûté; ils répandent au loin l'influence française ; il semble qu'on leur devrait quelque encouragement... Mais la loi militaire est là, qui veille.

Je ne nie pas qu'«aller aux colonies» ne puisse être profitable pour des *individus* ; (j'ai du reste l'intention de revenir ultérieurement sur ce point) je constate simplement le néant absolu des résultats de la colonisation officielle, telle qu'elle a été jusqu'à présent conçue.

— Situées dans les conditions climatériques les plus désavantageuses, en butte aux chinoiseries d'une administration tracassière, peu ou prou peuplées, et pour la plupart inpeuplables, nos colonies sont pour nous une charge très lourde, et ne pourront jamais être autre chose qu'une charge.

— Ce qu'il faut ?

Je me résume :

Faire tout le contraire de ce qu'on a fait, ou bien, s'en aller.

EMILE MACQUART.

Imprimerie MERCIER — 156, route de Versailles.
Billancourt (Seine).

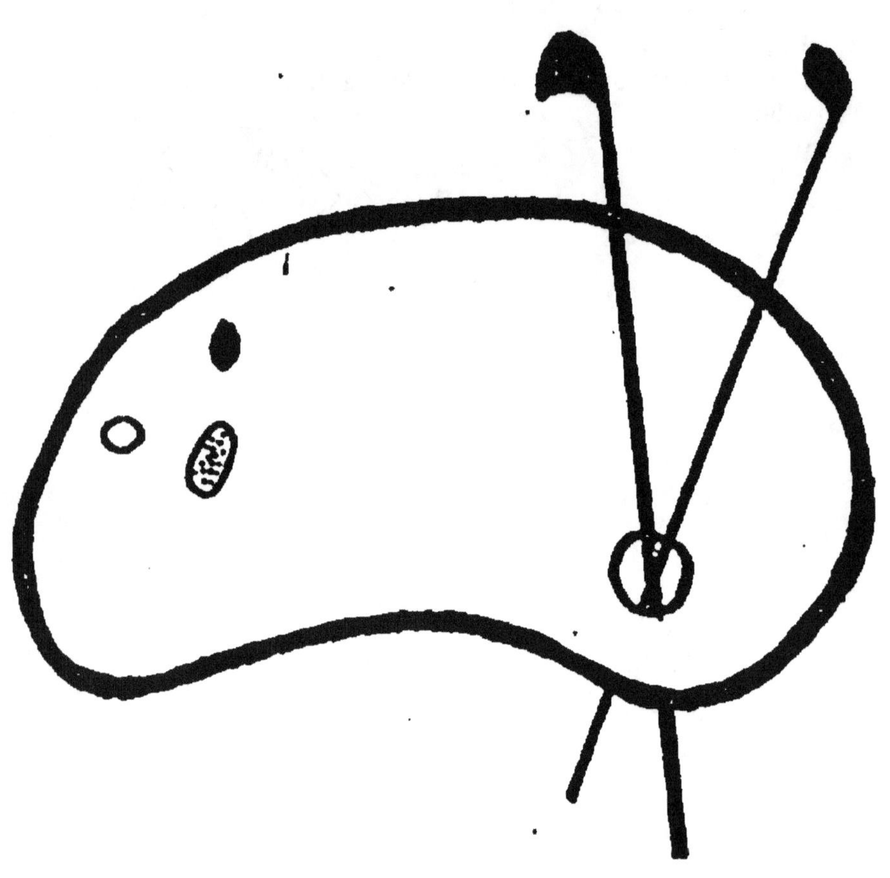

ORIGINAL EN COULEUR

NF Z 43-120-8

L'AVRIL

REVUE BI-MENSUELLE
LITTÉRAIRE, POLITIQUE & SOCIALE
Directeur : **Henry Mortimer**
Secrétaire de la Rédaction : Marcel Daïnnode
SIÈGE : 1, Rue Manuel, PARIS

L'AVRIL est une Revue littéraire, politique et sociale.

Fondée par un groupe de Jeunes qu'a réunis un même amour du travail et une pleine communion d'idées, *L'AVRIL* abordera les problèmes ardus de la science économique, étudiera sans parti-pris les questions ouvrières et sociales, tout en laissant une large place aux œuvres littéraires, qu'elle s'efforcera de rendre toujours intéressantes.

N'appartenant à aucune école, ne relevant d'aucune secte, elle conservera, en Politique comme en Art, la plus fière indépendance, l'intransigeance la plus complète.

Forte de sa jeunesse et de son bon vouloir, *L'AVRIL* luttera pour toutes les causes qu'elle croira justes, contre toutes les inégalités, contre tous les abus, contre toutes les injustices, avec le seul souci, si elle ne parvient pas à faire œuvre utile, de ne pas faire œuvre malfaisante, avec le seul orgueil, si son effort n'aboutit pas, de l'avoir tenté.